Ahmed Ragab Ragheb

HYMNE DU PRINTEMPS

Ahmed Ragab Ragheb

HYMNE DU PRINTEMPS

Éditions Muse

Imprint
Any brand names and product names mentioned in this book are subject to trademark, brand or patent protection and are trademarks or registered trademarks of their respective holders. The use of brand names, product names, common names, trade names, product descriptions etc. even without a particular marking in this work is in no way to be construed to mean that such names may be regarded as unrestricted in respect of trademark and brand protection legislation and could thus be used by anyone.

Cover image: www.ingimage.com

Publisher:
Éditions Muse
is a trademark of
Dodo Books Indian Ocean Ltd. and OmniScriptum S.R.L publishing group

120 High Road, East Finchley, London, N2 9ED, United Kingdom
Str. Armeneasca 28/1, office 1, Chisinau MD-2012, Republic of Moldova, Europe
Printed at: see last page
ISBN: 978-620-4-96289-4

Dédicace

À mon pays l'Egypte,

À ceux qui sont la cause de mon existence,

Mes chers parents,

À mes petits anges,

À ma chère femme,

Je vous dédie ce livre.

Hymne du printemps

Au printemps, je me promène parmi les fleurs,
Parmi les papillons enduits de toute couleur,
L'un sur le narcisse et l'autre sur le jasmin,
Respirant le nectar et sentant le parfum.

Sur les belles roses, les abeilles se balancent,
Comme des sirènes, qui, de leur joie, dansent,
Le soleil vient étaler ses toiles dorées fièrement,
Comme la fillette peignant sa chevelure doucement.

Une grande foule de fourmis se met en rang,
Célébrant la nature et le printemps ravissant.
Doucement, le printemps chuchote aux fleurs.
Comme deux amoureux brûlés d'ardeur.

Et sur les branches des arbres, les oiseaux perchent,
Chantonnant le printemps et le bonheur cherchent
Les fleurs s'épanouissent déclarant le début du printemps,
Et les brises de l'air pur soufflent de temps en temps.

Ô chérie, jouissons du printemps et de sa nature,
Ensemble sous les branches enchevêtrées et la verdure.
Fêtant le printemps et écoutant son murmure,
Ce jour là, la nature, par sa beauté est la sirène,
Embrassant le printemps qui de joie, comble sa reine.

Le printemps a sa position et sa passion fine,
Qui, aux cœurs des fleurs, ont pris une racine.

Quand les mots se perdent

J'étais le poète de l'amour,
Je m'asseyais toujours,
Au bord de la mer,
Récitant des vers,
Pour la vie éblouie,
Pour le printemps fleuri,
Pour les amants
Les plus fervents.

J'avais des mots très suaves,
Des ambitions et des rêves,
Les fleurs partageaient avec moi la poésie,
Et les oiseaux avaient une certaine jalousie;

Ils portaient les mots et leur signification,
Avec leur sonorisation,
Jusqu'aux portes des cœurs,
Des amants et leurs âmes sœurs.

J'étais le symbole de fidélité,
De sacrifice et de crédibilité;
Maintenant, le poète pleure,
Et se lamente sur ses douleurs,
Qui pèsent sur son cœur

Les mots se sont perdus,
Et le cœur s'est fondu,
La lyre s'est brisée,
Et les vers se sont suicidés.

À quoi servent les vers,
Dans un temps très amer,
Où les oiseaux meurent,
De faim, de soif et de peur,
Le temps où la nature muette,
Est devenue l'ennemi des poètes.

À dieu le bon temps,
À dieu le printemps,

Le poète est parti sans retour,
Laissant la mer pour toujours,
Dans le brouillard, il s'est perdu,
Car son voyage est dans l'inconnu.

À la mémoire du temps

Écrivez mon nom à la mémoire du temps,
Un homme qui adore la lutte et n'a qu'un stylo.
Je suis un homme qui ignore et déteste votre temps,
Et qui crie à haute voix et n'entend que l'écho,

Mais, j'ai des mots éloquents et tout expressifs,
Que je vise directement vers les agresseurs,
Je ne peux pas avouer votre temps négatif,
Le temps de chagrin, d'injustice et de malheurs.

Vous avez démoli des cœurs très sains,
Et avez tué les rêves et les ambitions,
Mais mon rêve sera à jamais, sans fin,
Malgré l'amertume, la douleur et les agressions.

Je serai un cri déchirant le silence profond,
Et un sourire brillant sur les lèvres des enfants.
Je serai un mot retentissant sur les sommets des monts,
Et un asile pour ceux qui se sont perdus dans le temps.

Je serai le soleil qui se lève toujours,
Et la lune qui répand la lumière et l'espoir,
Dans un temps où on a étouffé l'amour,
Bientôt, on verra le matin après le soir.

Je serai une arme détruisant les tyrans,
Qui ont versé, dans la terre, le sang.
Demain viendra le temps des dirigeants,
Et après l'hiver rigoureux, viendra le printemps.

Crucifiez-moi sur les plus hauts minarets,
Sur une tour, sur une église et sa cloche,
À la mort et au sacrifice, je suis prêt,
Car le temps de servitude revient et s'approche.

Pour vos enfants, récitez-moi comme une histoire,
D'un homme tombé martyre de son rêve et son espoir.

Signification du mot

Avant de parler
Il faut penser;
Un mot peut faire l'impossible,
Par son influence sensible,
Par sa magie multiple.

Un mot t'ouvre les portes,
Des chemins de toutes sortes,
Et un mot te conduit en enfer,
Par son goût le plus amer.

Un mot peut déchirer le silence,
Et parfois vient au bout de patience,
Un mot est un jardin de fleurs,
Et l'autre est une mer de pleurs.
Un mot est plein de sensibilité,
L'autre est plein de cruauté,
Un mot fait des amants,
Grâce à son goût charmant.

Un mot te cause l'ennui,
Et te fait veiller la nuit,
Un mot te fait des ennemis,
Et l'autre t'approche les amis,
Et te rend l'univers soumis.

Ta parole, il faut garder,
Car on en est prisonnier,
Alors, avant de parler,
Il faut donc penser.

À dieu Amiens

Quand j'y suis arrivé
Par sa beauté j'étais étonné
Et maintenant je suis chagriné
Car le voyage va se terminer

Ô Amiens, ma belle ville
Que tu sois tranquille
Et puisque tu es calme
Ce qui te donne du charme
Je te quitte, à l'œil une larme

Je te quitte? Je ne crois pas
Mais demain on te quittera
Je suis attaché à toi pourquoi?
Peut-être je fais partie de toi
Ou bien tu fais partie de moi?

Je pars en laissant mon âme
Et mon cœur à ton départ s'enflamme
Ayant aux pieds un poids
Et te quitter, je ne peux pas

Je pars? Non, je ne suis pas pressé
Mais je suis tout à fait embarrassé
Entre l'amour que je porte pour Amiens
Et la nostalgie pour mes proches égyptiens.

Grâce à ton amour je verdoie,
Mais c'est le départ qui me foudroie.
Même si je te laisse, Amiens
Je te promets, un jour je reviens.
Je vais partir, quel dommage!
Ô mon cœur, où est ton courage?

Puisque je porte pour toi de l'ardeur
Je ne peux pas cacher mes pleurs.
Amiens, le temps s'est vite enfui
Avant de cueillir tous les fruits.

À Amiens j'étais toujours inspiré
Par ses lieux historiques sacrés
Ainsi que par la muse qui m'a dominé
Tu es ma jeunesse et toute ma vie,
Mon amour et ma deuxième patrie.

Tu es la meilleure de la terre
Et dans mon cœur tu es solitaire.
Donc voici l'heure du départ
Je ne crois pas, mais je pars.

Amiens
Je t'ai déposé tous mes secrets
Mais on se quittera avec regret.
Dans mon cœur tu as des traces
Et dans mon âme rien ne t'efface.

Je tiens pour jamais tes liens immortels
Et tes souvenirs tout à fait éternels.
Toi et moi, on s'est juré fidélité
De nous aimer à perpétuité.

Fatigué du départ, je me dis enfin:
"Comment vivre sans Amiens"
"Comment vivre sans Amiens"
À dieu Amiens, au revoir Amiens!

À mon petit

Zyad, loin de toi,
La vie ne coûte pas.
Devant mes yeux,
Tu grandis,
T'épanouis,
Et guéris
Mon cœur endolori.

Tu es la vie de ton père,
Qui te souhaite une vie prospère,
Et pour ton sourire brillant,
Je passe par le feu brûlant.

Zyad, quand je te vois,
Avancer le pas après le pas,
Je m'attache tant à toi,
Surtout en prononçant: "Papa".

Tu es la paupière de mes yeux,
Et le meilleur don de Dieu,
Le cœur qui palpite dans ma poitrine,
Et pour ta belle et innocente mine,
Je suis serviteur de mille épines.

Quand le temps pèse sur moi,
Je n'ai recours qu'à toi,
Pour trouver l'innocence et l'amour,
Car tu es le soleil de mes jours.

Je cherche dans l'univers,
Dans le ciel et dans la mer,
Mais rien ne dépasse mon fils,
Qui est toute mon oasis.

Zyad, quand tu souris,
Ma vie fleurit et s'épanouit,
Avec toi, les ténèbres s'enfuient,
Car tu es la lune de mes nuits.

Mon mari l'aime

Mon mari l'aime à la folie,
Et elle l'a tout envahi,
Donc, il m'a trahie,
Et m’a laissée dans l'oubli,
Et cela m’étouffe et m'ennuie,
Car elle possède son esprit,
Et son amour grandit
À son cœur jour et nuit.

Toujours, il l'invite à la maison,
Et mes yeux voient la trahison,
Il la touche, la caresse,
Lui chuchote et l'embrasse,

Je lui dis: "Je te prie si tu veux,
Pour notre enfant malheureux,
De ne pas apporter le malheur,
Car son amour t'a brûlé le cœur.

L’enfant est à sa fleur de l’âge,
Ne l’aime pas ici; sois sage;
Avec cet amour illégal,
On nous portera du mal,

Egoïste, moi? Pas du tout,
Mais, aime-la loin de nous.
Mon amour, c’est le bon port,
Et le sien, c'est la véritable mort.

"Je t’aime encore ma chérie":
Dit toujours mon aimable mari,
Mais, sans elle, ma raison s’égarera,
Et sans elle, ma tête se perdra.

Son amour se faufile dans mon corps,
Et m’envahit un sentiment très fort.
Mon cher, crois-tu qu'elle t'aime?
Pas du tout, c'est moi qui t'aime;

Elle te consomme, te détruit,
Et te rend la vie en mélancolie.

Crois-tu être au jardin de délices?
Mais c'est tout à fait le supplice.

Je suis ton amour, ta rosette,
Ton jardin et ta violette,
Mais elle, elle est muette,
Muette,
Muette,
La cigarette.

Royaume des amants

Chérie, tout le monde va dormir,
Et la nuit est déjà tombée,
Je commence à t'écrire,
Un poème avant de l'oublier.

Le sommeil caresse mes yeux,
Et le froid me pique le corps,
Mais penser à toi vaut mieux,
Que le repos jusqu'à la mort.

La nuit, c'est mon royaume,
Où je trouve le bonheur,
Et ton amour est le baume,
Qui guérit le mal de mon cœur.

Ô Dieu, avant de réfléchir,
Les mots s'écrivent volontairement,
Le stylo sent-il ce qu'on peut sentir?
Ou bien connaît-il mes sentiments?

La nuit, je vis avec le papier,
Et le stylo témoigne de mon amour,
Qui est si clair à ne pas nier,
Et qui reste au long des jours.

Où es- tu depuis longtemps?
Nous séparons-nous à jamais?
Le destin fait-il revenir le temps?
Où il nous répondra:" jamais "?

La nuit, je pense à toi,
Jusqu'au lever du soleil,
Pendant le rêve, je te vois,
Même si je ferme l'œil.

Des jours et des nuits se passent,
Et je suis privé de ton existence,
La tristesse et le souvenir me caressent,
Et je suis brûlé de patience.

Où es-tu ma princesse?
Sans toi, je ne vis pas,
Mon cœur t'appelle sans cesse,
Et de mes côtes il sortira.

Je suis un homme condamné amour,
Fidèle toujours, amant et ami,
À mes amis je pense le jour,
Et à mon amour je pense la nuit.

Tu es ma petite reine,
Comment sentir la servitude?
Tu coules dans mes veines,
Comment sentir la solitude?

Avec toi, rien n'est impossible,
Et pour toi, je défie tout,
Et grâce à ton amour irrésistible,
Tout l'univers me vient à genou.

Tout le monde me porte envie,
Car pour tous, tu es la cible,
Tu es la meilleure chose de la vie,
Et avec toi, à dieu l'impossible.

Rends-moi mon cœur

Mignonne, insistes-tu partir?
C'est ce dont j'ai peur,
Partir, c'est mourir,
Donc, rends-moi mon cœur.
Rends-moi mon cœur

Mon cœur qui battait la chamade,
Ne sait-il notre sort et l'avenir,
Te rappelles-tu nos embrassades?
Et si tu insistes encore partir,
Rends-moi mon Cœur

Après toi, on attend le Malheur,
Et la tristesse frappe à la porte,
Sans toi, à dieu le bonheur,
Jusqu'à ce que l'esprit sorte.
Rends-moi mon cœur

Ton départ est très touchant,
Et laisse des traces de tristesse,
Qui affligent mon cœur chantant,
Dès sa plus tendre jeunesse.
Rends-moi mon cœur

Tu es mon âme sœur,
Et l'esprit de mon esprit,
Tu es le sang pour mon cœur,
Et la seule dont je me suis épris.
Rends-moi mon cœur

Tu as dominé mon âme,
Et veux maintenant m'oublier,
Je préfère rendre mon âme,
Que d'être un jour oublié.
Rends-moi mon cœur

Tu as saisi tous mes rêves,
Pendant lesquels je te vois,
Et si un jour je rêve,
Je ne rêverai jamais que de toi.
Rends-moi mon Cœur

Ton nom

Sur les arbres et leurs feuilles,
Sur les petites ailes des abeilles,
Sur les branches et sur les troncs,
Sur les hauts sommets des monts,
J'écris ton nom

Sur les rayons chauds du soleil,
Sur les cils noirs de mon œil,
Sur les routes, sur les murs,
Sur les pages du temps, futures,
J'écris ton nom

Sur les gouttes abondantes de la pluie,
Sur le chemin fleurissant de notre vie,
Sur les vagues de la mer, embarrassées,
Sur les artères de mon cœur blessé,
J'écris ton nom

Sur les soirs joyeux et amoureux,
Sur les ailes battantes des oiseaux,
Sur tous les livres et leurs pages,
Sur les planètes et les nuages,
J'écris ton nom

Sur les grains de sable et les rochers,
Sur les palmes vertes des palmiers,
Sur les petits cailloux et les pierres,
Sur les plages et au fond des mers,
J'écris ton nom

Sur les pétales des roses épanouies,
Sur les tendres brises de la nuit,
Sur la face de la lune, éblouie,
Même si tu m'oublies
Ou l'amour s'enfuit,
J'écris ton nom

La belle Elodie

Savez-vous la fille la plus attirante?
Savez-vous la fille la plus charmante?
C'est Elodie dont la mine est joyeuse
Et dont la pleine lune est jalouse.

Le sourire est toujours à son visage
Et elle est encore à sa fleur de l'âge
Quand je la vois, je vois la vie en rose
Tous veulent lui parler, mais qui ose?

Dès sa plus tendre jeunesse
Elle est connue pour sa finesse
Et ne connaît jamais la tristesse;
Fait-elle partie de la noblesse?

Pour la dessiner où est la plume?
Et pour la décrire j'ai besoin des volumes,
Décrit-on la noirceur de ses cheveux
Ou bien la magie de ses beaux yeux?

Les cheveux qui ont les ténèbres de la nuit
Et qui font cacher le soleil ébloui,
Ou les yeux qui ont de la sensation
Dont le regard pénètre le cœur sans permission.

Ses regards laissent des traces dans le cœur
Et son sourire fait parler les ardeurs.
Pour elle tout le monde porte envie
Et pour celui qui avec elle partagera la vie.

Hymne de l'amour idéal

Comme un rêve, je l'ai vue dans mon imagination,
Fugitive, comme la muse qui apporte l'inspiration.
Elle se faufilait rapidement dans le silence profond,
Parmi les arbres ou bien sur les sommets des monts.

La lumière de la lune l'entourait, les cheveux pendus,
Sur son corps splendide; c'est elle qu'on a attendue
Comme la vague embarrassée qui ne trouve pas de bord,
Éternelle, n'a pas de fin et ne connaît pas la mort.

En tenant sa main, je lui dis: "Qui es tu ma reine"?
"Je suis ton amour qui coule dans tes veines,
Je suis ton corps embarrassé qui cherche dans la nuit,
Avec l'amertume du désespoir, le flambeau de l'esprit".

Dit-la vierge, d'une voix qui ressemble au chant,
Et qui sifflait dans mes oreilles comme le vent.
" Tu es mon espoir perdu" lui dis- je avec humilité,
Prends-moi, je te prie comment me passer de ta beauté?

Autour de moi, les branches se sont enchevêtrées,
L'obscurité et la terreur m'empêchent de l'accompagner.

Elle crie de toutes ses forces: "O mon cher, avance- toi"
Ayant un poids aux pieds, je lui dis: "Je ne peux pas"
" Croyais-tu que l'amour idéal est un jardin tout vert"?
Dit- elle avec un sourire qui ressemble à la perle de la mer.

Mon vieux, l'amour idéal est une forêt de souffrance,
C'est le théâtre des héros qui ont de la vaillance.
D'abord, remplis ton cœur de tant de courage,
Et après, reviens pour célébrer notre mariage.

Je reste à l'entrée du bois, regardant l'amour et sa majesté
Ne pouvant y entrer à cause de l'extrême de ma lâcheté.

Restrictions de l'amour

Ma chère, le départ est- il atout?
Tu as suivi une illusion,
Et as oublié tout,
Sans regarder ma sensation
Même l'ardeur,
La chaleur,
Et le bonheur,
Partent et reste la trahison.

Nous étions deux anges volant,
Dans le ciel de notre amour
Et l'orage vient en écrasant
Notre espoir pour toujours
Et comme les feuilles du printemps,
Je suis tombé,
Écrasé,
Ravagé,
Et vient la douleur à son tour.

Tu m'as fait oublier mon âme
Avec tes beaux yeux d'azur
Avec tes lèvres en flamme
Avec ton amour pur
Et avec tes cheveux dorés
Je suis
La nuit
Qui s'enfuit,
Et me laisse seul égaré.

Je crie dans l'obscurité,
Et c'est l'écho qui me répond
Avec un ton de cruauté
Et une tristesse qui me fond:

"Pars sans retour "
Car ton amour
S'en va pour toujours.
Ô mon cœur triste, revenons!

Mes yeux versent des pleurs,
Pour un futur très funeste,
Pour celle qui n'a pas de cœur
Et c'est le souvenir qui me reste.
Jouissons,
Jouons
Et rions,
Mais dans le cœur la blessure reste.

Je t'aime encore et bien sûr,
Même si le cœur est blessé
Car celui qui n'a pas de passé
N'aura jamais de futur.

Allons mon âme élevée,
Oublions notre belle histoire
Ne sois jamais déprimée
Et tu resteras avec ta gloire
Et jamais,
Personne
Ne se repentira
Puis qu'il a
Un bon cœur
Qui bat.

Secrets de la mer

Au bord de la mer, je suis toujours assis,
Car du mal de l'amour, je deviens endolori
Les vagues me rappellent ma bien-aimée
Quand elle était tranquille ou était agitée.

Je réfléchis, je regarde le coucher du soleil
Qui laisse dans mon cœur une blessure sans pareille
Les vagues me rappellent les gens et leurs rangs
Qui sont un jour au sommet et l'autre au fond.

Les vagues me rappellent mon amoureuse
Qui est quelquefois inquiète et peureuse
À ce moment, je me sens le malheureux du monde
Je pense, je pleure pour que le souvenir me fonde.

Le soleil embrassait la montagne doucement
Comme une larme qui caresse l'œil tristement
Pendant que je priais le bon passé de revenir
Un coup de tonnerre est venu briser mes souvenirs.

Pour moi, la mer est le tableau de tout mon destin
Sur lequel se dessinent la misère et le sentiment fin.

Avant de partir, je me suis tiré de mes malheurs
Pour vider mes yeux de ses tristes pleurs
J'ai tenu parole d'éviter l'amour et sa torture
Mais on dit:"L'habitude est une seconde nature".

L'oiseau blessé

Dans un jardin tout vert
Un peu près de la mer,
Je suis entré un jour
Disant aux oiseaux: "Bonjour".

C'était un jour de printemps
Où il faisait beau temps.
La nature était solitaire
Et le temps était si clair.

Des arbres vêtus de verdure
Et des ruisseaux très purs.
De petits oiseaux gazouillaient
Et de beaux rossignols chantaient.

Sur une branche brisée
Un triste oiseau était perché;
Il était tout malheureux,
Un chagrin dessiné aux yeux.

Il ne voyait que la nature
Couronne le jardin de verdure.

Je me suis approché de cet affligé
Que le printemps a oublié.
"Qu'as-tu mon vieux,
Tu n'es pas de ce lieu?"
"Si" dit-il amèrement,
En me déclarant tristement:

"Ce jardin était mon domicile
Et d'une balle de fusil
On m'a privé du bonheur
En tuant mon âme sœur

On partageait le sourire
Et rien ne pouvait nous nuire;
Elle était à sa fleur de l'âge
Petite, mais plus sage

On battait des ailes avec joie
Et l'amour était notre loi
Et depuis, j'ai peur
Je ne vois plus les couleurs.

Les fleurs deviennent noires
Et le matin est comme le soir".
"C'est triste de perdre nos chers,
Mais il faut leur faire les prières"

Lui dis-je aimablement.
Ça me fait mal vraiment
À mon cœur de te voir affligé,
Car le bonheur n'a pas de congé.

Si tu perds ta bien-aimée
L'amour ne peut se terminer;
Je sais que la mort nous fait mal
Mais, elle a quelque chose de moral.

Conflit des générations

Après des années de souffrances
Le fils acclama avec vaillance
Et d'une manière très amère
Dit blâmant son grand-père:

"Vous êtes la cause de notre misère,
Laissez-nous vivre librement,
Dieu nous sauve de votre traitement".
Le grand père répond sagement:

"On n'est pas la cause de vos souffrances,
Mais votre génération n'a pas de patience,
Nous ne sommes pas des obstacles
Aussi n'est-ce pas le temps des miracles.

Nous avons besoin de vous
Et vous aussi, avez besoin de nous,
On sait que les branches fines
Ont besoin de leurs racines.

Les branches absorbent la lumière
Et les racines approfondissent la terre,
Si on a besoin d'un corps nourri
Aussi a-t-on besoin d'un esprit,

Si vous avez la capacité
Nous avons aussi la moralité,
Même si on passe la vie à se battre,
On a toujours besoin des autres".

L'enfant constata que la jeunesse
Marche parallèlement avec la vieillesse
Disant:" Si vieillisse pouvait
Et si jeunesse savait.

La pauvreté n'est pas vice

Avoir de l'argent ou non,
Ce n'est pas une question,
Parfois l'argent apporte le bonheur,
Et toujours nous comble-t-il de malheur.

C'est le moyen par lequel nous vivons.
Et aussi l'enfer où nous nous brûlons.
Tu vois le riche et sa claire mine,
Sans savoir que l'argent le domine,

Cachant la tristesse derrière le sourire,
Et du fond du cœur, il ne peut rire.
Crois-tu que le pauvre soit malheureux,
Et dépourvu, mais il est le plus heureux.

Pour moi, ce n'est pas une question d'argent.
Peut -être mon point de vue est- il différent.
Déjà on dit:"L'argent est un bon serviteur",
Aussi est-il un mauvais maître trompeur.

À cause de lui, tu peux perdre un ami,
Et peut-être devient-il ton grand ennemi.
Occupons-nous de la fin et du paradis,
Et ne croyons jamais celui qui nous dit,
Que l'argent est toute notre réputation,
Oubliant les mœurs, la vertu et la sensation.

Peut- il compenser un moment d'amour pur?
Ou bien garantir une vie quelconque au futur?

L'argent n'est pas le véritable bonheur,
Avec la paix de l'âme, il n'y a pas de peur.
Au lieu de bâtir aux rêves un édifice,
Au lieu de vivre un bonheur factice,

Efforce-toi, la vie est pleine de bénéfice,
Et jamais .... La pauvreté n'est pas vice.

Je ne vois que toi

Je te dis mille fois
Que je n'aime que toi,
Tout le monde me voit,
Mais je ne vois que toi.

Je ne pense qu'à toi,
Car tu me possédas
Et ton amour coula
Depuis longtemps en moi.

Ma chère, ne me laisse pas
Car, loin de toi
Le bonheur s'en ira
Et l'amour se perdra.

Je te serre dans mes bras,
Donc, le monde est à moi;
Je me ressens en moi
Que le monde est moi et toi.

Chérie, dis moi pourquoi,
Je suis attaché à toi,
Puisque je me sens aimé de toi
Ou bien tu fais partie de moi?

Demain, je viendrai

Ma chérie, un jour je viendrai te consoler,
Et compenser l'éloignement qui t'a blessée.
Je viendrai effacer une larme coulante,
Sur ta joue par les jours et l'ardeur brûlante.

Je viendrai vous tendre la terre en roses,
En disant à la tristesse de prendre une pause.
Je viendrai effacer ce nuage de tristesse,
Pour le remplacer d'un autre de tendresse.

Je viendrai effacer ces douloureux gémissements,
Pour que le bonheur règne sur nous constamment.
Je viendrai pour mettre fin à ce silence profond,
Et remédier à cette blessure qui toujours me fond.

Je viendrai construire notre maison conjugale,
Et oublier le passé qui nous a porté du mal.
Je viendrai te chercher et te prendre par la main,
Pour commencer notre voyage ensemble pour demain.

Je viendrai rêver avec toi et réaliser notre espoir,
Pour vivre avec l'amour et compléter notre histoire,
La main dans la main, nous arriverons au bon port,
Et rien ne nous sépare jusqu'au moment de la mort.

Comment l'oiseau se passe- t- il de son beau nid?
Comment le ciel se passe-t- il de la lune éblouie?
Et comment supporter ta magie qui m'a tout pris?

Je viendrai enraciner en ton cœur l'amour et la certitude,
Pour que les ardeurs nous comblent comme d'habitude.
Je viendrai puiser avidement à ta mer d'amour,
Et calmer le cœur qui t'appelle nuit et jour.

Malgré ton absence et ton éloignement qui ont duré,
Longtemps, tu es toujours avec moi dans ma pensée.
Même si le dépaysement dure et l'ardeur,
Ta photo sera dessinée dans mon cœur.

Et si le destin impose la séparation et l'annonce,
Ton nom sera le dernier mot que je prononce.
Ton existence ne me suffit pas de sentir le bonheur,
Mais je veux te conserver à jamais dans mon cœur.

L'amour conjugal

Les uns disent au hasard, du mariage, du mal,
Et ne savent pas la valeur de la vie conjugale.
Le mariage, c'est la sincérité et la vraie chasteté,
C'est l'amour entre deux jusqu'à perpétuité.

Quelques uns se sentent dans le mariage, prisonniers,
Et les autres à leurs maisons ne se sentent qu'étrangers
Mais, pour moi, le mariage, c'est le lien de Dieu,
Sur terre pour dire aux grands vices, à dieu.

Sans la femme, on sent que la vie est amère,
C'est l'épouse, la sœur, l'amie, et aussi la mère.
Vous pouvez savoir l'amour et ses flambeaux,
Quand pour la femme, on passe par les feux.

Dieu l'a fait pour défendre la relation légale
Et c'est pour celui qui réfléchit, une grande morale.
On dit:" sans le mariage, je sens en liberté,
Et dans le mariage, je ne trouve que la prison.
Mais, il veut laisser le champ libre à sa passion

Et laisser à part la vie de la pureté.
Le mariage, c'est le repos de la raison et du corps
Et par lequel, les esprits peuvent s'approcher,
C'est le remède par lequel vit le cœur mort,
Et c'est la goutte qui perce le plus solide rocher.

Aimez et entrez au jardin de l'amour idéal,
Car dans la vie, rien ne dépasse l'amour conjugal.

Sans toi

Sans toi, la vie ne coûte pas,
Sans toi le soleil ne se lèvera,
Sans ton amour, sans ton cœur,
La tristesse ne me laisse et la peur
Sans toi,
La vie ne coûte pas

Sans la nuit qui est dans tes cheveux,
Sans la magie qui est dans tes yeux,
Je ne pourrai affronter les difficultés,
Je serai une machine privée de sensibilité,
Sans toi
La vie ne coûte pas

Sans ton existence et sans l'ardeur,
Ma vie sera un désert sans fleurs
Sans les restrictions de ton amour magique
Je serai dépourvu de ton visage angélique.
Sans toi
La vie ne coûte pas

Où est la lune pendant ton apparition?
Où sont les amants à coté de ta sensation?
Où est le jour à côté de ton clair visage?
À côté de ta mer qui n'a pas de rivage?
Sans toi
La vie ne coûte pas

Sans toi, l'amour partira,
Sans toi, la chance se perdra
Sans toi, qui m'aimera?
Près de toi, loin de toi
Sans toi
La vie ne coûte pas.

Voyage à l'inconnu

D'abord, notre voie n'avait pas d'épines,
Verte, décorée et couverte par des fleurs.
Écriture des lettres et des histoires fines,
Vie en rose qui avait plusieurs couleurs.

Nous nous aimions et partagions le sourire
En deux et nous tournions le dos au chagrin.
Tenant parole toujours et jusqu'à mourir
De ne pas nous séparer jusqu'à la fin.

Tout à coup, la vie devient mélancolique,
Et l'ombre régna à la place de lumière.
On ne pouvait prévoir cette fin tragique,
De l'amour et l'histoire qui devient éphémère.

On est devenu un jeu aux mains du destin,
Et les sourires sont remplacés par des pleurs,
Le souci pèse sur moi, je bois du vin en vin,
Et je ne vois plus l'épanouissement des fleurs.

Toujours, je m'abandonne à mes réflexions,
Le destin n'a plus de cœur et n'a pas connu,
Ni le goût de l'amour ni le toucher de sensation,
Amertume, supplice, c'est mon voyage dans l'inconnu.

Je te prie

Reviens, reviens, je te demande le retour,
Reviens, reviens pour compenser les jours,
L'œil pleure et le cœur serre sa blessure.
Reviens, reviens, il n'y a plus de torture,

Reviens, reviens, j'ai besoin de ton amour,
Reviens, reviens, je ne veux que le retour,
Reviens, reviens, je suis très amoureux,
Et sans toi, le souvenir semble douloureux.

Reviens, qui m'effacera mes pleurs?
Reviens, qui m'éloignera les malheurs?
Je regarde ta photo avec tant de soupir,
Et de sentiment distingué, difficile à finir.

Ma chère, reviens, reviens, et oublie tout,
Car je serai ton amour jusqu'au bout,
Même si tu es tout à fait contre le retour,
Je veux rester dans l'esclavage de l'amour.

Je t'adore

J'adore les yeux qui sont pleins de tendresse,
J'adore le cœur qui me donne l'amour sans cesse,
J'adore les cils qui séduisent le cœur et le touchent,
J'adore l'amour et la sincérité que je cherche,

J'adore le sourire qui brille toujours dans ta bouche,
J'adore la terre sur laquelle tes pieds marchent,
J'adore le mot que contiennent tes lèvres,
J'adore le regard qui me rend égaré et ivre,

J'adore le voyage puisque je serai avec toi,
J'adore le rêve pendant lequel je te vois,
J'adore la lune parce qu'elle te ressemble,
J'adore la rencontre qui nous rassemble,

J'adore la nuit qui ressemble à tes cheveux,
J'adore l'esprit qui attire enfants et vieux,
J'adore tes bons souvenirs et tes bons jours,
Qui me font rester dans les restrictions de l'amour.

J’ai pour toi

J’ai pour toi dans mon cœur,
Un amour doux qui ne peut finir.
J’ai pour toi dans mon cœur,
Une fleur qu’on ne peut cueillir.

J’ai pour toi dans mon cœur,
Une affection très chaleureuse.
J’ai pour toi tant de bonheur,
Qui te rend à jamais heureuse.

J’ai pour toi dans mon cœur,
Un érotisme très ardent.
J’ai pour toi dans mon cœur,
Un amour très violent.

J’ai pour toi sur ma bouche,
Le plus doux de tous les baisers.
Toi dont la pleine lune se cache,
N’est-ce pas le temps de nous aimer?

J’ai pour toi un sourire,
Dessiné sur mes lèvres toujours.
J’ai tenu parole jusqu’à mourir,
De t’aimer nuit et jour.

J’ai pour toi un jardin vert,
Pour être seuls jusqu’à la mort.
J’ai de la tendresse dont la mer,
Est si large qu’elle n’a pas de bord.

J’ai pour toi de beaux yeux,
Qui te voient amoureusement.
On doit faire de son mieux,
Pour te conserver éternellement.

Oh ma vertueuse femme!
Tu possèdes mon cœur, suivi,
De mon esprit et de mon âme,
Avec le sacrifice de ma vie.

Arrachement des adieux

Ma chère, c'est le temps de laisser ta main,
Et d'arracher mon amour de ton cœur sain,
Car je ne te mérite et tu es un but lointain.
Je te laisserai, bien que j'aie du chagrin,

Il est destiné de laisser les cheveux en soie,
Et de laisser les yeux qui apportent la joie,
Il est destiné que la tragédie frappe à la porte,
Pour que l'éloignement entre et l'amour sorte,

Il faut fermer à jamais notre page,
Il est temps pour l'oiseau de quitter sa cage,
Il est temps pour tourner le dos au mirage,
Ce n'est pas l'histoire qui finit par le mariage.

La main dans la main, je me sens un frémissement,
Elle a mis sa tête sur ma poitrine doucement,
Et ses larmes tombaient abondamment,
En l'embrassant, je lui dis amoureusement:
"N'aie pas peur,
Je ne peux pas
Partir".

Bagdad

C'est la ville de civilisation,
De gloire et de modernisation,
De mosquées et de grandes usines,
Pourquoi tombe-t-elle en ruine?

Le soleil s'y lèvera-t- il un jour?
Et la paix y verra-t- elle le jour?
Ou bien la misère y règne toujours?
L'oiseau reviendra-t-il à son nid?
Ou bien l'occupation l'a démoli?

Les papillons ne visitent plus le jardin,
Par ces vacarmes qui n'ont pas de fin.
L'enfant, au lieu de jouir de sa fleur
De l'âge, il lutte contre l'agresseur.

Jusqu'au bout de ses ongles, il est délicat,
Impuissant et ne peut affronter le combat.
Il entend des cris de sa sœur et de sa mère,
Croyant que sa vie était un rêve éphémère.

Se levant, il ouvre ses yeux sur une guerre,
Foudroyante et voit, occupée, sa terre.
L'ennemi a tout ravagé et partout règne le silence,
Par sa cruauté, son despotisme et son arrogance.
Il a tué l'enfant, c'est impossible, l'innocence!

Comme l'ange, l'enfant se couche et son sang,
Répandu, coule tristement et crie appelant,
"Arabes: sourds? Et également indifférents?"
Cet enfant rêvait un jour de voir la victoire,
Et reprendre la dignité blessée et la gloire.

Mais à quoi sert le rêve de cet innocent?
Avec un agresseur qui n'est pas clément?
Enfants égarés, familles déchirées,
Bébés affamés, filles violées,
Armée résignée, président prisonnier,

Le printemps vient avec le bombardement,
Et les roses se fanent sans épanouissement.
C'est le drame d'un peuple tout opprimé,
Dont le destin lui a également imposé,

De dures conditions et des restrictions,
Ce qui le rend affligé parmi les nations.
Mais bientôt, Bagdad verra l'aube brillante,
Au lieu des ténèbres et la guerre sanglante.

Je rêve d'un bon monde où il n'y a pas,
Ni guerre ni ravage ni forêt et sa loi,
Mais impossible avec un ennemi sans foi.
Ô peuples, regardez la guerre et son sort,
Pour savoir que la paix est un grand trésor.

À mes frères Arabes

Ô Arabes! Où est la volonté?
Où sont la conscience et la dignité?
Notre sang coule devant tout le monde,
Toujours il appelle pour qu'on lui réponde:

"Au secours, au secours, je deviens moins cher,
Et le monde me fait couler; en plus il en est fier.
Mais, il n'y a que le triste écho qui répond,
Et il n'y a plus que la tristesse qui nous fond.

Après la domination et le règne du pouvoir,
Après la splendeur de l'histoire et la gloire,
Après le progrès, la prospérité et le savoir,
Après les dirigeants remplissant leur devoir,

Après la civilisation arabe et son soleil,
Tout s'en va et se perd dans un clin d'œil.
Tout était paradis, oasis et bonne grâce,
Mais, comment tout cela se passe?

On ne subit que le supplice et les crimes,
Intransigeance, violence et partout des victimes.
Où sont les arabes, magnanimes et braves?
Mondains sont-ils ou bien deviennent-ils esclaves?
Obéissant à leurs âmes et à leurs passions?
Ou sont-ils devenus connus pour la soumission?

Voyez-vous aux yeux une larme embarrassée?
Voyez-vous ces peuples, ayant la tête baissée?
Qui sur tout l'univers, ont dominé au passé?
Peuvent-ils reprendre leur dignité blessée?

Où sont les Arabes?

Ô Arabes, coopérez!
Unissez-vous et criez!
À haute voix, nous sommes présents,
Nous sommes braves et prudents.

N'est- ce pas le temps d'oublier,
Notre passivité et de pouvoir crier?
À tous, nous allons reprendre notre gloire,
Nous allons trouver dans notre miroir,

L'homme arabe, brave et sincère,
Ayant tant de noblesse de caractère.
Allez-y, nous devons nous unir,
Pour faire jaillir le matin clair,

De la nuit sombre, qui n'a pas de lune,
Et obtenir à jamais la grande fortune.
N'y a-t- il pas de fin à cette persécution?
N'y a-t- il pas de fin à cette agression?

Tâchez de conserver notre dignité!
Car notre nation est celle de prospérité

Quand le Satan s'ingère

Maintenant, je vous raconte une petite histoire,
Qui est la cause de la perte d'une gloire,
Deux frères vivaient ensemble confortablement,
Et gagnaient leur vie toujours aisément,

Les sourires et le bonheur se partageaient entre eux,
Mais, que fait le Satan pour les rendre malheureux?
Un jour, entre les deux frères, a eu lieu une divergence,
Au lieu de la raison et au lieu de la patience,

Le petit frère invita le Satan à résoudre le problème,
Et celui- ci avait une ruse tout à fait suprême,
De forts coups, le Satan roue sévèrement le grand frère,
Malheureusement, les deux frères n'ont pas de père,

Pour fixer leurs pieds, leur donner confiance,
En eux- mêmes et pour éviter toute violence,
Le Satan a sorti le grand frère de son abri,
Pour y habiter, c'est la chance qu'il a saisie.

"Seigneur Satan": dit le petit frère humblement,
"Merci, pourriez-vous partir? » dit- il respectueusement.
"Oh, mon vieux", dit le Satan "Je suis ici pour te protéger",
De ton frère qui veut certainement t'écraser.

Croyez-vous que le Satan est un bienfaiteur?
Et des intrigues, il est le vrai et le grand amateur
On sent le péril au bord du gouffre,
Et il est destiné à voir la mort et ses affres.

Le Satan n'est pas responsable, comme nous croyons,
Mais comme on dit:" l'occasion fait le larron".

L'amour idéal

Auparavant, en tout le monde, j'avais confiance,
Et avec Les gens, j'étais connu pour l'endurance.
J'avais pour eux, un amour au fond du cœur,
Je cachais le malheur et leur montrais le bonheur

Au lieu de la fidélité, J'ai trouvé la trahison,
Et une agression violente sans aucune raison
En fin, je me suis passé de telle vie passagère
Et j'ai trouvé l'amour qui peut me satisfaire.

Un amour pur, chaste et sans aucun exemple,
L'amour éternel qui m'honore et me comble
Mon bien-aimé, c'est lui qui a crée l'univers,
Et dont l'amour est plus large que les mers.

C'est l'amour qui est loin de tout orgueil,
Dans mon cœur, il est plus clair que le soleil.
C'est l'amour qui guérit les cœurs et raffine l'âme
Un amour plus grand que celui des belles femmes.

J'ai une passion et une sensibilité très profondes,
Car mon bien-aimé est Dieu, créateur de tout le monde.

La mort

Par sa capacité et par sa sagesse,
Dieu a fait parmi nous la mort,
Pour qu'il nous montre notre faiblesse,
Et pour que le trépas soit notre sort.

Entre nous, elle ne tarde guère de se faufiler
C'est l'ennemi dont on n'a pas d'abri,
Même si l'on est dans des tours fortifiées,
Elle vient tout à coup sans alarme ni cri.

Chaque jour, on entend le tombeau,
Appeler celui qui vit à la lumière,
Vivant à l'aise et a le visage beau,
Et lui dit: "Viens à la poussière".

La vie est excessivement plus chère,
Mais qui peut s'enfuir de la mort et ses bras?
Car la jouissance de la vie est éphémère,
Et ne coûte rien à coté de celle de l'au-delà.

La morale, C'est ce qu'on tire de la mort,
Ô homme! Sais- tu ce que l'on peut faire,
Quand la mort s'approche ou l'esprit sort?
Réfléchis, la mort est une chose nécessaire.

Je vous demande pardon

Je vous viens tout résigné,
Avec ceux qui devant votre porte,
De tous les péchés sont accablés,
Voulant le pardon d'une intention forte.

Les yeux saignent et le cœur,
À failli de mes cotes, sortir.
Et pour me sauver de ce malheur,
Pourriez-vous accepter mon repentir?

Votre amour en moi, s'enflamme,
Par une croyance et une foi solides,
Pardonnez-moi les fautes de l'âme,
Ou bien je reviens les mains vides?

Toujours, je demande votre pardon,
Qui est mon seul point de mire.
Je ne peux me passer de votre nom,
À jamais pour le meilleur et pour le pire.

Entre la vie et ses délices,
J'étais tout à fait et tant plongé,
Errant en éprouvant tous les vices,
Entre âme avide et cœur embarrassé.

Vous comblez l'univers de clémence,
Je vous prie de me l'accorder.
C'est à cause de mon ignorance,
Que vous devez me pardonner.

Dieu, mes organes me désobéissent,
Quand je vous suis coupable,
Le doute et la honte me blessent,
Et je me vois le plus misérable.

Malheur à celui qui répondra,
À son âme et à ses passions.
Personne ne sait que le trépas,
Nous approche, de la tombe et sa damnation.

Le bonheur

C'est le sourire d'un enfant
C'est vivre parmi ses amants
C'est le beau temps après la pluie
C'est voir les étoiles, la nuit

C'est sentir une fleur
C'est oublier les malheurs
C'est un moment de succès
C'est dépenser sans excès

C'est croire en Dieu
Et voir sa capacité
Dans tous les lieux

C'est être à la fleur de l'âge
C'est sentir âgé et sage
C'est ouvrir pour un oiseau la cage
Pour s'envoler au dessus des nuages
C'est un bon moment de voyage
C'est lire en feuilletant les pages

C'est avoir un ami fidèle
C'est voir un paysage naturel
C'est faire les prières
C'est traverser une rivière

C'est rendre les autres heureux
C'est être à côté d'un vieux
Ne perds n'importe quelle heure
Où tu peux sentir le bonheur.

Il y a des choses
Qu'on ne peut jamais retrouver….
Le temps après l'avoir passé
L'occasion après l'avoir ratée
Et le mot après l'avoir prononcé.

Le sourire

Si j'étais un sourire,
Je me dessinerais sur les lèvres des enfants,
J'interviendrais toujours parmi les amants.
Je ferais plaisir aux orphelins,
J'éviterais les méchants et les coquins.

Si j'étais un sourire,
Je ferais l'impossible pour apporter le bonheur,
Je résoudrais les problèmes et éloignerais le malheur.
Je répandrais la paix dont les gens ont besoin,
Je satisferais les villageois et les citadins.

Si j'étais un sourire,
J'irais vite aux pauvres et à leur bouche,
Je soulagerais celui qui n'a pas de proches
Les gens oublieraient les chagrins,
J'unirais les bien-aimés lointains.

Si j'étais un sourire
J'accompagnerais tous les enfants,
De l'Iraq, de Palestine et du Liban.
Je les sauverais bien sur de la mort,
Et de la guerre qui est leur sort.

Si j'étais un sourire,
Je ferais de ce monde misérable,
Un monde, de vertu, raisonnable,
Tous les vices, je défendrais,
Et les bonnes mœurs, je répandrais.

Si j'étais un sourire,
Je ferais du bonheur, une loi,
Qui, sur tout l'univers, régnerais,
Mais, à quoi sert le sourire,
Dans un monde allant
De pire en pire?

Ma chère lointaine,

Il pleut et je rappelle ton visage angélique. Quand je t'ai laissée la dernière fois, je sentais que j'ai laissé mon cœur mon âme et mon esprit avec toi. Maintenant, tout me parle de toi ; les nuages, la pluie, les vents et la nature en me chuchotant que tu es l'être le plus cher de tout le monde.

Je suis chanceux de partager ma vie avec la femme la plus sensible que je n'aie jamais rencontrée. Tu continues à me fasciner et à m'inspirer. Tu es l'objet de mon désir, la raison première de mon existence.

Je t'aime si tendrement et je ne veux jamais te faire souffrir ou te rendre malheureuse. Cela fait si longtemps ma chérie que je n'ai pas éprouvé un sentiment aussi profond pour quelqu'un, je ne sais pas quoi dire ni quoi faire. Je peux seulement t'affirmer que je t'adore de tout mon être et je sais que je te veux pour moi seul.

Je pense à toi, comme en hiver on pense au soleil et comme en plein soleil on pense à l'ombre. Tu m'as tout dit, et tu es si à moi et si en moi que tu devines tout de moi. Il y a une correspondance unique et inouïe entre nos âmes.

Tu me rends infiniment heureux depuis que je t'ai connue.

Puis je t'ai aimée sans le vouloir et je vois que je continue à t'aimer de plus en plus fort ; un amour qui ne cesse de grandir de devenir aussi grand que l'univers. En un mot je t'aime mon grand amour à moi surtout faisons tout pour ne jamais se quitter car notre amour ne doit en aucun cas se briser.

Même si je sens des douleurs dans ton amour, ces douleurs me semblent le plus grand des plaisirs.

Rien ne peut me détacher de toi, tu es ma vie et mon bonheur, toutes mes espérances. Je ne crois à la vie qu'avec toi.

Printed by Books on Demand GmbH, Norderstedt / Germany